Couvertûres supérieure et inférieure
manquantes

LES

CONGRÉGATIONS RELIGIEUSES

ET

L'EXPANSION DE LA FRANCE

SCIENCE ET RELIGION
Etudes pour le temps présent

Les Congrégations Religieuses

ET

L'EXPANSION DE LA FRANCE

Discours prononcé à Paris à la Séance d'inauguration du Congrès d'Economie sociale en 1903

PAR

Anatole LEROY-BEAULIEU

Membre de l'Institut

AUGMENTÉ D'UNE PRÉFACE ET DE NOTES

PARIS

LIBRAIRIE BLOUD & Ce

4, RUE MADAME ET RUE DE RENNES, 59

1904

PRÉFACE

On affecte de croire, dans le camp radical-socialiste, que tous les hommes qui réprouvent la loi contre les congrégations, et plus encore les aggravations apportées à la loi Waldeck-Rousseau par le ministère Combes, sont des « cléricaux », mus uniquement par des préoccupations confessionnelles et par des passions religieuses, à moins que ce ne soit par des passions politiques. C'est là une erreur qui, pour être commune, n'en est pas moins grossière. Quand la loi Waldeck-Rousseau et la politique de M. Combes n'auraient contre elles que les catholiques froissés dans leurs croyances, cette loi et cette politique n'en seraient pas plus justifiées ; car, en République, dans un pays qui se prétend libre, toutes les confessions religieuses ont droit à la liberté ; et parce qu'ils sont le nombre, parce qu'ils peuvent se vanter d'avoir pour eux la majorité des Français et des Françaises, les catholiques n'y ont certes pas moins de droits que les protestants, que les juifs, que les mahométans, que les francs-maçons et les libres penseurs. Pour condamner la politique anti-cléricale aujourd'hui triomphante, il nous suffit qu'elle s'inspire d'un esprit sectaire, anti-religieux et anti-catholique ; que, dans les congrégations, dans leurs écoles et dans leurs œuvres, ce soit bien l'Eglise, ce soit bien la religion qu'elle poursuit ; — et, certes, il n'est pas besoin d'en donner la preuve, car l'aveu en a été fait, maintes fois, par les plus ardents ou par les plus francs des inspirateurs de cette politique.

Ce n'est pas tout. Les lois, chacun le sait, ont souvent des conséquences, ont une répercussion que n'a pas prévues le législateur. Cela n'est pas seulement vrai du domaine économique et fiscal, où l'incidence de l'impôt est chose si obscure et si débattue. La loi n'atteint point toujours uniquement ceux qu'elle vise ; elle frappe souvent ceux qu'elle croyait épargner. Ainsi en est-il de la loi du 1er juillet 1901, surtout après les règlements et les lois accessoires qui, sous prétexte de la compléter, l'ont aggravée et parfois dénaturée. Si les hommes qui l'ont votée n'ont cru frapper que les congrégations religieuses, ils se sont singulièrement mépris, et les plus sincères d'entre eux seront bientôt forcés d'en convenir. La loi Waldeck-Rousseau, interprétée et appliquée par M. Combes, n'atteint pas seulement les couvents, les bons Pères et les bonnes sœurs ; elle frappe deux choses que nos législateurs prétendent aimer également toutes deux : la liberté et la France.

Aussi, en dehors des catholiques qui condamnent la

loi et la réglementation nouvelle comme attentatoires aux droits de l'Église, y a-t-il deux classes d'hommes que leur conscience oblige à combattre non moins résolument la politique anticléricale, fussent-ils eux-mêmes hérétiques ou libres penseurs, deux classes d'hommes que l'esprit d'exclusivisme n'a pas encore réussi à mettre en dehors de la République : les libéraux et les patriotes, ou, — si le sens de ces deux termes, dont les partis ont tant abusé, semble obscurci, — nous dirons, sans équivoque, les hommes qui demeurent invinciblement attachés à l'idée de liberté et les hommes qui, à travers toutes nos querelles politiques ou nos polémiques confessionnelles, ne perdent jamais de vue les intérêts permanents de la France. C'est à ce double titre que, pour notre part, nous réprouvons l'anticléricalisme et les lois anticléricales. Nous les réprouvons comme libéral, c'est-à-dire comme ami de la liberté et de toutes les libertés, en homme qui se sent blessé dans son droit, chaque fois que le droit d'un de ses concitoyens est violé, fût-ce un prêtre ou un moine ; en homme qui n'accepte la solidarité d'aucune tyrannie et d'aucune proscription, fussent-elles le fait de majorités parlementaires et dussent-elles se couvrir du manteau de la légalité.

Pour juger de pareilles lois et une pareille politique, il nous suffirait qu'elles portassent atteinte à trois libertés essentielles : la liberté d'association, la liberté d'enseignement, la liberté de la charité, sans compter les autres libertés, y compris celle du domicile, celle de la propriété et celle d'exercer librement sa profession, que les lois récentes suppriment ou entament gravement.

Et si l'on vient nous dire que notre libéralisme est archaïque et démodé ; que ces libertés qui nous restent chères n'importent plus à personne ; qu'au surplus nous ne comprenons point la liberté ; que les jacobins seuls l'entendent, et qu'il ne peut y avoir ni droit, ni liberté contre la volonté du plus grand nombre et contre l'intérêt de la nation, nous répondrons que les majorités sont éphémères et faillibles, et que l'intérêt national suffirait seul à faire de nous un adversaire résolu des lois en question et de la politique qui les inspire. Car ce n'est pas seulement le libéral, le défenseur de la liberté et de l'égalité devant la loi, que révoltent en nous la politique sectaire et les lois anticléricales ; c'est, non moins, le patriote, le Français habitué à mettre les intérêts du pays au-dessus des intérêts et des passions de parti. Tel est le point de vue auquel nous comptons nous placer en cette étude, et nous osons espérer qu'aucun de nos lecteurs ne le trouvera étroit ou mesquin.

Laissant de côté les droits de l'Église et les intérêts de la religion, aussi bien que les droits ou les intérêts des citoyens, nous n'envisagerons, aujourd'hui, que les intérêts généraux de la France et de la grandeur française. Par ce temps de division des esprits et d'anarchie des consciences, où il ne reste plus de principes admis de tous, la meilleure manière de nous entendre entre Français, c'est encore, semble-t-il, de nous élever au-dessus de nos rancunes de partis et de nos préférences personnelles, pour regarder uniquement le bien de la France ; et si l'on ne peut être d'accord sur la façon de faire le bien du pays à l'intérieur, il est moins malaisé de reconnaître ce qui peut faire la force, l'ascendant et la puissance de la France au dehors.

Nous savons que certains de nos concitoyens traiteront ce point de vue de suranné ; que, pour eux, toute marque de souci patriotique est le signe d'un esprit arriéré ; que, par défiance du « nationalisme », ils ne tolèrent pas qu'on leur parle de grandeur nationale. Mais de pareils esprits sont encore en petit nombre ; et, s'ils redoutent les conquêtes de la force, tous ne font pas fi des conquêtes morales. Nous ne sommes pas, quant à nous, de ceux qui s'arrogent le monopole du patriotisme et qui prétendent contester à leurs adversaires la qualité de bons Français. Nous croyons volontiers au patriotisme de tous, et c'est à ce patriotisme que nous nous plaisons à faire appel ici.

Comment, en effet, prétendre rester patriote, si, dans le vote ou dans l'application des lois, on ne veut tenir aucun compte de la répercussion de ces lois sur la puissance du pays ? Se désintéresser des effets de la politique anticléricale sur notre politique générale, ne serait-ce pas se reconnaître indifférent à la grandeur de la France, et, par suite, avouer qu'on ne craint pas de laisser les préjugés religieux primer le sentiment national ? Socialistes ou radicaux, les hommes qui prétendent supprimer les congrégations de France auraient mauvaise grâce à nous contester le droit de porter le débat sur ce large terrain des intérêts français. Ce serait proclamer que, pour eux, l'anticléricalisme passe avant le patriotisme, et que leur amour de la France le cède à leur haine de l'Église. Et, si ce n'est pas là une sorte de fanatisme, que faut-il entendre par fanatisme ?

Il s'agit, précisément, de savoir si la politique française doit désormais rester à la merci des préventions et des antipathies de l'anticléricalisme. En dépit des traditions de notre ministère des Affaires étrangères, notre politique a déjà bien du mal à s'en défendre. Pour les majorités radicales-socialistes, l'horizon de la France semble se borner à nos étroites frontières. Elles ont peine à concevoir que, pour un peuple et pour un gouvernement, il puisse y avoir quelque chose de supérieur aux passions de parti, à l'esprit de secte, aux intérêts électoraux. Voilà longtemps déjà que nous avons dû le constater : l'anticléricalisme contemporain ne craint pas de se rendre coupable de ce qu'il reproche, le plus bruyamment, à ceux qu'il flétrit du nom de « cléricaux (1). » Des hommes qui accusent les catholiques d'être plus dévoués à Rome qu'à la France ne semblent pas s'apercevoir qu'ils se montrent, eux-mêmes, libres penseurs avant d'être Français, comme s'il leur paraissait naturel de mettre ce qu'ils appellent les intérêts de la Raison et de la Science laïque au-dessus des intérêts nationaux.

(1) Voyez, par exemple : *les Doctrines de Haine*. Calmann Lévy. Introduction p. 49.

A beaucoup d'entre eux, il ne semble point répugner de se faire, par haine de l'Église, les complices des adversaires de la France. Comment expliquer, si ce n'est par cette sorte de fanatisme à rebours, qu'ils réclament chaque année le retrait de notre ambassade auprès du Saint-Siège et l'abandon de notre protectorat catholique en Orient et en Extrême-Orient, sans se douter ou sans se soucier des coups portés, par là, à l'influence de la France au loin ? Ils montrent le même aveuglement lorsqu'ils exigent la suppression de toutes les congrégations françaises et la fermeture de toutes nos écoles et de tous nos établissements congréganistes. Ils ne savent donc pas qu'en Orient, comme en Extrême-Orient, ces religieux, poursuivis chez nous comme rétrogrades et comme obscurantistes, sont peut-être les meilleurs pionniers de notre civilisation occidentale ? Ils ignorent donc qu'à l'étranger, en Asie, en Afrique, jusqu'en Amérique et en Océanie, nos missionnaires et nos religieux de toute robe sont les principaux et souvent les seuls propagateurs de la langue et de l'influence françaises ?

Si étonnante et si scandaleuse que puisse nous sembler pareille ignorance, elle est celle de nombre de nos législateurs ; lorsqu'il s'agit de rendre justice à ces humbles serviteurs de la France, beaucoup semblent sourds et aveugles ; la passion leur ferme les yeux et leur bouche les oreilles. Obsédés par la terreur du spectre noir, ils nient ou ils dénaturent les faits les mieux connus des voyageurs. Ne leur parlez point des services rendus à la France par ses missionnaires ; ils vous feraient la réponse que me faisait à moi-même un député socialiste : « Que nous importe, à nous, l'influence de la France au loin, si cette influence ne s'exerce pas dans le sens de la Révolution ? » Voilà où les préventions antireligieuses et la superstition anticléricale conduisent des hommes qui se flattent d'être des esprits forts et des esprits libres ; elles ne les rendent pas seulement injustes envers des Français qui servent au dehors la cause de la civilisation, avec celle de la France ; elles étouffent, chez eux, le sens politique, en même temps qu'elles émoussent le patriotisme.

Tous les adversaires de l'Église, tous ceux même qui se font gloire de répudier le « cléricalisme », n'en sont pas à ce degré de haine inepte et de fanatisme aveugle. Beaucoup ne pèchent que par ignorance ou par irréflexion. C'est à ceux-là que nous nous adressons ici, faisant appel à leur bonne foi et à leur amour de la France. C'est pour eux que nous montrerons brièvement les titres envers le pays de ces congrégations qu'une Chambre asservie n'a pas craint de condamner en bloc, sans les connaître ; et, pour cela, nous ne rappellerons pas leur dévouement envers l'enfance abandonnée ni envers l'humanité souffrante ; nous oublierons que, par l'admirable fécondité et par l'infinie variété de leurs œuvres, ces religieux et ces religieuses, méconnus de notre ingratitude, ont donné à la France contemporaine une primauté, glorieuse entre toutes, la pacifique primauté de la charité ; nous ne nous souviendrons que des services rendus au loin à l'influence française et à la langue française par ces humbles soldats de la Croix, champions de la France en même temps que de l'Évangile, qu'un gouvernement français s'est donné la mission de désarmer et d'affamer.

Pour comprendre toute l'importance du rôle de nos missionnaires et de nos religieux dans le monde, il faut avoir pleine conscience de l'expansion des peuples modernes et des luttes d'influence sur toute la surface du globe.

Le début du xxe siècle nous apparaît, déjà, comme une époque de compétition universelle entre les peuples, les races, les civilisations, les langues. C'est l'âge de la politique « mondiale, » de la *Weltpolitik,* comme disent les Allemands, ou, ce qui revient au même, c'est l'âge des impérialismes envahisseurs. Les grands Etats des deux mondes se disputent-le globe et se le partagent. Ils luttent ensemble à qui s'étendra le plus loin sur les rivages de l'Océan, comme sur les plaines des continents. Ils cherchent à se tailler, par le canon, par la diplomatie, par les écoles, par le commerce, chacun sa sphère d'influence politique, économique, intellectuelle. Et parmi ces grandes nations qui, par la paix ou par les armes, débordent de tous côtés sur les mers lointaines et sur les terres neuves, la France n'a pas renoncé à tenir ou à reprendre son rang. Bien qu'elle se soit laissé distancer par plusieurs de ses rivales, elle reste encore une des puissances mondiales ; quelques conseils de défaillance et d'abandon que lui donnent des esprits découragés, elle a le droit et le devoir de ne pas abdiquer sa place, sous peine de voir le rayonnement de son génie s'amoindrir avec la sphère de ses intérêts et la poussée de ses énergies. Puissance mondiale, la France l'est encore de par ses traditions et sa vocation historique, de par la nature de son génie, de par l'étendue et la variété de ses possessions exotiques, de par la diffusion de sa langue. Nous avons beau répudier, comme contraire à nos principes et aux droits de l'humanité, tout impérialisme agressif, nous devons avoir, nous aussi, bon gré, mal gré, une politique impériale, parce que nous avons un empire ; — parce qu'en dehors même des limites encore mal définies de cet empire français, autrement grand que celui de Napoléon, nous tenons, de la nature ou de l'histoire, des sphères d'influence morale ou matérielle où prévalent notre esprit, nos idées, notre langue, notre littérature.

Pour soutenir cette politique mondiale, pour défendre et pour étendre cet empire qui, à la différence d'autres impérialismes, ne repose pas uniquement sur la force ou sur le commerce, quels sont nos armes et nos moyens d'action ? Comment, avec notre population stagnante, avec notre industrie, notre commerce, notre marine qui plient sous le poids des charges et sous les menaces du socialisme, avec notre richesse elle-même entamée par des impôts sans cesse grandissants, comment pouvons-nous tenir tête à des compétiteurs qui, chaque année ou chaque décade d'années, comptent, par millions d'hommes et par centaines de millions de francs, l'accroissement de leur population et celui de leurs exportations ? Que de causes d'infériorité pour notre vieille France, dans cette lutte, devenue déjà par trop inégale !

En de telles conditions, qui vont chaque jour s'aggravant, un gouvernement français a-t-il le droit de priver la France d'un dés principaux agents d'expansion qui lui restent ? Un parlement peut-il se permettre d'enlever à notre langue, à l'heure même où sa royauté ancienne est partout contestée, ses plus nombreux et ses plus zélés champions dans les cinq parties du monde ?

Or, entre tous les agens d'expansion et tous les instruments d'influence au loin, il en est un, par lequel la France, hier encore, l'emportait sur tous ses concurrents, instrument gratuit et pacifique qui travaille partout en silence pour elle. Ce sont nos missionnaires et nos religieux, infatigables organes de la plus grande France. Nous ne sommes pas seuls, assurément, à posséder au dehors des missionnaires ; nos rivaux, catholiques, protestants, orthodoxes, en ont, eux aussi, et ils ont soin de les défendre et de les encourager, voyant en eux un précieux moyen d'influence. Mais, grâce au protectorat catholique, et grâce au nombre et à l'ardeur invincible des religieux des deux sexes, qui la représentent au loin, la France a gardé, sur tous ses rivaux, une primauté que la politique actuelle met en péril. Ces congrégations d'hommes et de femmes, ces Pères, ces Frères, ces Sœurs au sombre costume dont des esprits timides redoutent le pullulement à l'intérieur, ils ont en effet débordé, de tous côtés, par-dessus nos frontières européennes, au delà même de nos colonies, sur tout le vaste monde. Leur foi et leur charité, leur besoin d'action et de dévouement les ont entraînés au loin, par delà les mers et les déserts, comme des conquérants ambitieux de conquérir de nouvelles provinces à la France ou à la langue française, en même temps qu'à l'Évangile.

Lorsque nous parlons de nos missions catholiques et de nos établissements religieux du dehors, il faut se garder d'entendre uniquement les congrégations vouées à la prédication de l'Évangile chez les infidèles, comme les Pères du Saint-Esprit ou les Pères Blancs d'Afrique. Il faut avoir en vue l'ensemble de nos religieux et de nos établissements congréganistes hors de France ; à côté des missionnaires proprement dits, il faut placer les congrégations enseignantes et les congrégations charitables. Les unes et les autres ont de nombreux établissements au loin ; et leurs séminaires, leurs collèges et leurs écoles, leurs orphelinats, leurs hôpitaux et leurs dispensaires sont, presque partout, de véritables foyers de l'influence française. De fait, jusque parmi les ordres voués à la prière ou aux rudes travaux de la pénitence, il est bien peu de nos congrégations d'hommes ou de femmes qui n'aient essaimé au dehors et n'aient envoyé quelques-uns de leurs fils ou de leurs filles sur les lointains rivages de l'Afrique ou de l'Asie. -

Des deux formes de la vie religieuse, l'active et la contemplative, traditionnellement figurées dans les deux sœurs de Béthanie, aucune n'est demeurée étrangère à cette pieuse émigration. On dirait qu'entraînée, elle aussi, par l'exemple de sa sœur Marthe, et par le mystique désir de recruter au loin, jusque parmi les races barbares, des compagnes de prière, Marie elle-même, la contemplative, s'est lassée de demeurer, immobile en ses longs voiles, aux pieds de son Sauveur, et que, pour mieux le glorifier, elle s'est levée, à son tour, et a franchi les vagues de l'Océan, afin que, du sein même des terres infidèles, l'encens de l'adoration montât, de partout, vers le Christ.

Le fait mérite d'être noté ; sous le froc et le scapulaire de nos religieux, sous les larges coiffes de nos sœurs, non moins que dans la poitrine de nos explorateurs et de nos officiers, le Français a retrouvé ses antiques qualités de hardiesse et d'esprit d'entreprise, trop souvent perdues dans l'assoupissant bien-être de la vie bourgeoise. Cette diffusion des congrégations au loin méritait de retenir l'attention du gouvernement et du parlement. On nous permettra de regretter qu'ils n'en aient pas tenu plus de compte. Si, pour les Pères Blancs ou pour les missions d'Afrique, nos ministres n'ont pas négligé ce point de vue, capital entre tous, ils semblent, par un singulier défaut de logique, l'avoir entièrement oublié pour les autres. Comment, sans cela, expliquer que le gouvernement ait fait refuser l'autorisation à toutes les congrégations enseignantes, c'est à-dire, précisément, à celles qui rendent à notre influence et à notre langue les services les plus manifestes ? N'est-ce pas là une contradiction qui ne

s'explique que par le plus aveugle ou le plus coupable des partis pris ?

Voulait-on que la loi de 1901 ne portât pas à notre influence au dehors un coup fatal, la première chose était de s'informer des effets que l'application en devait avoir à l'étranger. Les conséquences d'une loi dépendent beaucoup de la manière dont elle est appliquée. Il en sera de la loi Waldeck-Rousseau comme des autres ; et, quelque adversaire que nous soyons. par principe, de semblables lois d'exception, nous reconnaissons volontiers que, si elle eût été appliquée avec un esprit de tolérance et de liberté, les conséquences fâcheuses en eussent été singulièrement atténuées. Ce que nous demandions au gouvernement et au parlement, ce n'est même pas que la loi fût entendue et interprétée dans un véritable esprit libéral ; cela, le ministère Combes et les votes des Chambres nous avaient trop bien signifié que nous n'y pouvions plus compter. Ce que nous osions humblement demander, c'est que, dans l'application de la loi, le législateur et l'administration voulussent bien songer aux intérêts généraux de la France (1) ; c'est que, dans leur conduite envers les congrégations, le gouvernement et le parlement eussent le courage de s'élever au-dessus des mesquines rancunes électorales pour considérer les services rendus à la langue et à l'influence françaises par des religieux qui, pour porter l'habit ecclesiastique,

(1) Voyez dans la *Revue des Deux-Mondes* du 1ᵉʳ mars 1903 l'étude intitulée : Les Congrégations Religieuses, le protectorat catholique et l'influence française au dehors.

n'en sont pas moins des Français. C'était le minimum de ce que, en dehors de toute tendance politique ou confessionnelle, le patriotisme pût réclamer de nos Chambres. Si peu que ce fût, c'était trop exiger d'une majorité asservie à des haines si impérieuses qu'elles ne sauraient se laisser fléchir. Les considérations que M. Combes lui-même a timidement fait valoir en faveur des Pères Blancs et des Missions africaines de Lyon, pourquoi en refuser le bénéfice à toutes les congrégations enseignantes, et spécialement à celles qui ont choisi comme champ d'opérations le Levant et l'Extrême-Orient? Ce qui est vrai de l'Afrique ne l'est-il donc pas de l'Asie? Pourquoi ne pas écouter la voix des milliers d'enfants et de jeunes gens qui, du fond de la Syrie, de l'Asie Mineure, de l'Égypte, de la Chine, imploraient la justice de nos gouvernants en faveur des maîtres qui, avec la langue française, leur apprennent l'amour de la France?

Nous nous refusons à croire, quant à nous, que la France persiste longtemps dans une politique si manifestement contraire aux intérêts français ; et c'est pour cela que nous osons en appeler des iniques rigueurs d'un gouvernement de sectaires à l'intelligence et à la conscience du pays.

LES CONGRÉGATIONS RELIGIEUSES
ET L'EXPANSION DE LA FRANCE (1)

Mesdames et Messieurs, le sujet que je vais traiter ce soir, devant vous, m'a été suggéré, je pourrais presque dire qu'il m'a été imposé, par les événements, événements douloureux pour un grand nombre d'entre nous, événements assurément inquiétants pour tous ceux qui se préoccupent de la grandeur de la France. Comment parler, en effet, de l'expansion de la France et de la langue française, sans songer aux ruines que menace de faire, au dehors, la loi de juillet 1901, ou l'application que l'on en fait? Des milliers d'établissements français de toute sorte, des collèges, des écoles, des hôpitaux, des orphelinats, des dispensaires sont, à l'heure actuelle, en danger, dans les cinq parties du monde. Ce péril est, pour moi, comme une obsession ; je pourrais dire que j'en suis hanté. J'ai déjà eu plu-

(1) Discours prononcé par M. A. Leroy-Beaulieu comme président de la « Société d'Economie Sociale » à la séance d'inauguration du Congrès d'Economie Sociale, en 1903, sous la présidence de M. Le Myre de Vilers. Le congrès était spécialement consacré à la famille et à l'expansion coloniale.

sieurs fois l'occasion d'en parler et de pousser un cri d'alarme (1) ; je l'ai fait, entre autres, une fois déjà dans cette salle, et si quelques-uns d'entre vous sont tentés de dire que je me répète, je leur répondrai que cela tient à la grandeur et à l'imminence du péril.

Par malheur pour nous et pour le pays, les événements se suivent, les événements se précipitent, sans que nous puissions dire que les jours qui viennent nous donnent plus d'espoir que les jours écoulés. Les ruines faites au dedans, nous pouvons nous flatter de les réparer, et peut-être même pourrons-nous le faire plus vite que ne le supposent les démolisseurs, parce que nous avons pour nous deux grandes forces : la liberté et le bon sens du peuple français. Mais, quant aux ruines du dehors, il n'en est pas de même : ces écoles, ces collèges, ces hô-pitaux qui menacent d'être bientôt fermés, faute de res-sources ou faute de personnel, sommes-nous sûrs de pouvoir les rouvrir ou les relever ? Il peut se faire que cela ne nous soit pas permis, ou que nous n'en ayons la liberté que trop tard, alors que la place sera prise par l'étranger ; et c'est précisément le péril sur lequel je crois devoir insister, sans me lasser.

La France, Messieurs, a la noble et, quant à moi, j'ose dire la légitime ambition de rester ou de redeve-nir une grande puissance ; et aujourd'hui, pour être une grande puissance, il faut, vous le savez, être ce

---

(1) Voyez notamment dans la *Revue des Deux Mondes* du 1er mars l'étude intitulée : *Les congrégations religieuses, le pro-tectorat catholique et l'influence française au dehors.*

qu'on appelle une puissance mondiale. — Puissance mondiale ! cela paraît peut-être à certains d'entre vous bien téméraire, de la part d'un peuple divisé comme le nôtre, mutilé dans son territoire et ses frontières, d'un peuple dont la population, si elle ne diminue pas, reste au moins stationnaire. J'avoue que, pour ma part, je ne crois pas que ce soit là une témérité ; je dirai même (et j'espère qu'un des résultats de notre Congrés sera de vous le prouver) que la colonisation, en ouvrant à notre population des débouchés nouveaux, pourra stimuler le développement de notre race et peut-être contribuer à lui rendre sa fécondité ancienne. En tous cas, Mesdames et Messieurs, la France déborde, depuis longtemps, au delà de ses étroites frontières ; elle déborde même par-dessus les limites de son empire colonial, si vaste que soit ce nouvel empire ; elle déborde par son génie, par son esprit de propagande, par sa littérature, par ses arts, par sa langue. Entre tous les instruments d'action au loin qui nous restent, il en est deux que personne ne nous refuse, l'un matériel, l'autre spirituel : le premier, ce sont nos capitaux ; le second, ce sont nos missionnaires. Malheureusement, ces deux instruments d'influence et d'expansion se trouvent presque également menacés, à l'heure actuelle, et, chose remarquable, ils sont menacés par les mêmes ennemis, je dirai par les mêmes rancunes et par les mêmes préjugés.

Nos missionnaires, — c'est d'eux que je dois vous parler ce soir, — nos missionnaires et, d'une façon plus générale, nos religieux, nos religieuses sont assurément un des principaux instruments d'expansion de la France ; si je ne me piquais de demeurer toujours dans la juste mesure, je serais porté à dire, le principal instrumentde cette expansion. Pour nousen rendre compte, nous avons un moyen très simple : c'est de recourir à la méthode que nous aimons à recommander ici, à la seule méthode scientifique dans toutes les questions sociales, économiques, et je dirai même politiques : à la méthode d'observation. Voyons ce que nous enseignent les faits.

I

Nos missionnaires, nos Pères, nos Frères, nos Sœurs
aussi, — car je dois le constater, Mesdames, à
l'honneur de votre sexe, les femmes ont leur part, et
leur grande part, dans cette vaste œuvre, — nos religieux et nos religieuses sont, presque partout, les principaux pionniers et les plus zélés propagateurs de l'influence et de la langue françaises.

Dans nos colonies, comme à l'étranger, les religieux
de tout ordre travaillent à l'expansion de la France et
de l'influence française, non seulement par leurs écoles,
par leurs collèges, par leurs séminaires, mais aussi
par leurs hôpitaux et leurs dispensaires, par leurs orphelinats, par leurs fermes écoles, par leurs « villages
de liberté », en un mot par leur lutte contre l'escla-
vage et contre la barbarie. A ceux qui l'auraient oublié,
aux persécuteurs surtout qui n'ont pas honte de les
proscrire, je me permettrai de rappeler que les Missions
catholiques françaises ont reçu, à la dernière Exposition
Universelle, en 1900, un grand prix, c'est-à-dire

la plus haute récompense que pût décerner le jury international, sans compter nombre de médailles d'or, d'argent, de bronze accordées à nos missionnaires de divers pays (1). Certes; ce n'est pas pour figurer dans le palmarès de nos Expositions que travaillent nos missionnaires; ce n'est pas pour ces humaines récompenses qu'ils franchissent l'Océan ou les déserts; leur ambition ou mieux leur humilité en convoite de plus hautes et de plus durables. Ces grands prix et ces médailles ne leur en font pas moins honneur; aux yeux de tous les hommes sans préjugés, ils les vengent, amplement, des basses et viles injures de l'ignorance anticléricale. Mais que dire d'un gouvernement qui, pour l'examen des demandes d'autorisation déposées par les religieux, ne tient aucun compte des hautes distinctions, solennellement conférées en son nom ? Que penser d'un régime sous lequel les légitimes succès remportés par nos religieux, dans la grande lutte pacifique de 1900, aboutit, pour les lauréats, à une loi de proscription ? Comme me l'écrivait un d'eux, il semble que, par une cruelle dérision, nos gouvernants se soient plu à couronner la victime avant de l'immoler.

Pour se rendre compte des services rendus à notre

______

(1) Outre le grand prix attribué aux œuvres de nos Missions catholiques en tant que collectivité, la Classe 113, « Colonisation » a conféré une médaille d'or aux Frères des Ecoles chrétiennes. En plus, de nombreuses médailles d'or et d'argent ont été décernées aux missionnaires et religieux français des deux sexes, pour leurs écoles et leurs établissements de Turquie, de Chine, d'Afrique, d'Amérique et d'Océanie.

influence et à notre langue par ces nobles proscrits, il n'y a qu'à mettre les pieds hors de France, hors d'Europe surtout.

Il en est parmi vous, certainement, qui ont été en Orient, à Constantinople, par exemple, en Asie Mineure, en Syrie, en Palestine, en Egypte. Or, tous les voyageurs qui ont foulé le sol de ces antiques contrées sont frappés de ce fait : c'est que, si la langue française y tient une si large place ; si, dans cette sorte de Babel qu'est l'Orient, où l'on voit lutter ensemble non seulement les langues du Levant, mais toutes les langues européennes ; si, dans cette confuse bataille livrée sur toutes les côtes orientales de la Méditerranée, notre langue française l'emporte, presque autant qu'autrefois le grec, à l'époque d'Alexandre ou à l'époque romaine, nous le devons, avant tout, à nos missionnaires et à nos religieux. Je sais bien qu'ils ne sont pas les seuls à travailler pour elle, et comme j'ai l'habitude de rendre justice à chacun, et que je veux, aujourd'hui surtout, me placer au-dessus des divergences confessionnelles, je tiens à rendre ici hommage à tous les Français qui contribuent à l'expansion de notre langue. Il y a, dans le monde, des missions protestantes qui, elles aussi, servent la langue française ; je citerai, notamment, les écoles et les églises wallonnes de Hollande, un pays où la longue prépondérance de la langue française se trouve aujourd'hui menacée. Il y a, en Orient, en Turquie, en Egypte, en Tunisie, au Maroc, les écoles de l'Alliance israélite, plus d'une centaine d'écoles dispersées sur tout le pourtour de la Méditerranée, et qui, elles aussi, rendent d'incontestables services à la langue française. Vous remarquerez que, partout, l'esprit de propagande ou de solidarité religieuse est un puissant instrument d'action ; ce serait folie que de le méconnaître ; mais que sont ces écoles israélites ou protestantes françaises en face des milliers d'écoles et d'établissements de toute sorte de nos religieux et de nos religieuses, de ces écoles qui, le plus souvent, quoi qu'on en dise, n'ont pas de caractère strictement confessionnel, où l'on reçoit des enfants de toute race et de toute religion ? Et ce que je dis de l'Orient, qui reste un des principaux champs d'action de nos religieux et de nos religieuses, n'est pas seulement vrai du Levant ; il l'est, en réalité, de l'Extrême-Orient, du globe tout entier.

Je vois ici, en face de moi, malheureusement derrière vous, Mesdames et Messieurs, un vaste planisphère (1). Eh bien, que je jette les yeux sur l'une ou sur l'autre partie du monde, j'y découvre partout des écoles, des établissements français appartenant à ces Pères, à ces Frères qui s'en vont au loin porter, avec l'Évangile, l'amour de la France.

Traversez en pensée la Méditerranée, débarquez en Egypte, en Syrie, dans les îles de la mer Égée, vous trouvez des écoles françaises, tenues par des Pères, par des Frères, par des Sœurs recrutés en France. Allez plus loin, faites le tour de l'Asie, poussez jusqu'aux

(1) La séance avait lieu dans la grande salle de la Société de Géographie.

rivages de la Chine : qui enseigne aux Chinois la langue française, qui tend à lui faire une place dans ce Céleste Empire où l'anglais menace d'évincer tous ses rivaux ? Ce sont encore nos missionnaires. Je sais bien qu'on leur reproche, aujourd'hui, de n'avoir pas toujours enseigné le français ; car, en ce moment, on est enclin à éplucher l'œuvre de ces religieux, à chercher quel grief on pourrait bien relever contre eux. Il est vrai que, pendant longtemps, les missionnaires de Chine, même d'Indo-Chine, n'ont pas cru devoir enseigner le français à leurs prosélytes, ou aux enfants qu'ils élevaient. A cette époque, il faut bien le dire, le français ne pouvait avoir d'intérêt pour les petits Chinois ; aujourd'hui, il n'en est déjà plus de même. Depuis que la Chine s'est, plus ou moins volontairement, ouverte à l'influence européenne, nos missionnaires se sont mis à enseigner le français et, par là, ils préparent la voie à nos explorateurs et à nos commerçants.

Quittons les rivages de la Chine et du Japon, franchissons l'immense fossé du Pacifique, débarquons au Canada, aux États-Unis, sur les côtes du Mexique ; poussons jusque dans l'Amérique du Sud. Là, aussi, des neiges du Canada aux sierras du Chili, nous rencontrons des établissements français, des écoles, des collèges, des couvents, des pensionnats où notre langue est enseignée. Par qui ? Presque toujours par des Pères, par des Frères, par des Sœurs venus de France. En ce moment même où le sol de leur ingrate patrie semble les repousser de son sein, un grand nombre de religieux de tout ordre sont en train de traverser l'Océan pour atteindre les libres rivages, où il leur sera permis d'enseigner encore cette langue française et de faire aimer la France qui les expulse !

Quand nous parlons des services rendus à notre langue et à notre influence par les missionnaires, il faut prendre ce mot dans le sens le plus large. Il ne s'agit pas seulement des ordres religieux voués particulièrement à la prédication de l'Évangile ; il y a très peu de congrégations françaises, hospitalières ou enseignantes, qui n'aient d'établissements à l'étranger ; presque toutes ont essaimé au loin ; les rapports même de leurs proscripteurs, ceux de M. Rabier tout le premier, en font foi (1).

(1) On serait étonné que, dans l'exposé des motifs de son projet de loi sur les demandes d'autorisation des congrégations enseignantes, et dans les discussions de la Chambre sur ces demandes, M. Combes ait complètement oublié cette grave question. Il ne pouvait l'ignorer entièrement. Voici en quels termes, il l'écartait dans l'exposé des motifs de son projet de loi. « On invoquera peut-être les services que certaines congrégations rendent en pays étrangers et le concours qu'elles apportent au développement de notre langue et, par suite, de notre influence. C'est là une question qui pourra faire l'objet d'un examen spécial, le jour où l'on se trouvera en présence de demandes limitées à ce but particulier. » Le chef du cabinet a fait à la Chambre, lors de la discussion, des déclarations analogues. Il reconnaissait ainsi le danger, pour la France, de la suppression totale qu'il osait réclamer de la Chambre. Ce langage du président du Conseil pouvait sembler une invite aux congrégations, les engageant à introduire une demande d'autorisation subsidiaire pour quelques-unes de leurs maison de France, destinées à servir de point d'appui à leurs établissements du dehors. Quelques congrégations, en effet, les dominicains, notamment, ont paru disposées à tenter un effort dans ce sens ; mais il semble qu'elles aient fini par y renoncer,

Les services rendus par ces congrégations sont tels qu'un grand nombre d'hommes, détachés de l'Eglise catholique, leur ont rendu témoignage. Je puis citer ici un exemple dont personne ne contestera la valeur. Nous avons, en France, une Société, à laquelle je m'intéresse personnellement, qui s'appelle l'*Alliance française*. C'est un beau nom, en ce temps de division entre compatriotes. L'Alliance Française réunit des hommes de toute origine, de toute opinion, de toute confession (1). Notre président, M. Le Myre de Vilers, la connaît fort bien ; il a été un de ses fondateurs ou un de ses chefs ; nous avons même, il y a quelques années, fait pour elle campagne ensemble. Or, à l'Alliance française, des catholiques, des protestants, des israélites, des libres-penseurs, associés par un même sentiment de patriotisme, sont assis à côté les uns des autres, et ils délibèrent sur quoi ? Sur les intérêts de notre langue, de cette langue française qui personnifie pour nous notre nationalité. Et savez-vous, Messieurs, où vont la plupart des allocations de l'Alliance française ? Elle n'est pas très riche, l'Alliance ; elle est loin de l'être

soit qu'après la façon peu loyale dont elles avaient été traitées par le pouvoir, elles aient perdu toute confiance en ses promesses et n'y aient vu qu'un piège nouveau ; soit que les concessions auxquelles le gouvernement voulait bien se prêter leur parussent trop insuffisantes, trop précaires, ou trop perfides. De toute façon, c'est sur le ministère et sur les partis qui l'ont réclamée de la Chambre que retombe la responsabilité de la suppression totale exigée par eux.

(1) Il nous sera permis de rappeler que parmi les premiers patrons de « l'Alliance française » figurait le cardinal Lavigerie.

autant que l'exigeraient les grands intérêts dont elle a la garde ; mais les sommes dont elle dispose, elle les attribue, pour la plus grande part, aux établissements, aux écoles des congrégations religieuses ; et cela pour l'unique raison que ce sont généralement ces congrégations, leurs écoles et leurs collèges qui représentent l'enseignement du français dans les cinq parties du monde. C'est pourquoi, aujourd'hui, à l'Alliance française, nous sommes inquiets (1).

Que vont en effet devenir la plupart de ces écoles que nous nous efforçons de soutenir ? Que vont devenir des établissements considérables, comme l'Université de Beyrouth notamment, où, à côté d'une Faculté de médecine, dont les diplômes sont reconnus par le gouvernement français et par le gouvernement turc, il y a une Faculté de théologie, qui forme des prêtres de tous les rites de l'Orient ? L'Université de Beyrouth appartient aux jésuites français ; elle est subventionnée par le gouvernement français sur les fonds du ministère des Affaires étrangères. C'est, si je ne me trompe, Gambetta qui, en vrai politique et en vrai patriote, a voulu que la République vînt au secours de cette fondation. Et, aujourd'hui, notre gouvernement en dis-

(1) Il ne faut pas oublier qu'il s'agit ici de l'enseignement secondaire aussi bien que l'enseignement primaire. En Orient, au Canada et dans l'Amérique du Sud, notamment, nombreux sont les collèges fondés et dirigés par nos congrégations. Au Brésil, par exemple, le *Bulletin de l'Alliance française*, (15 janvier 1903, p. 35), constate que les Maristes, congrégation non autorisée, possèdent dix collèges où le français est partout enseigné.

sout et en proscrit les fondateurs ; encore quelques années, et nous n'auront plus de jésuites en France, ni de jésuites français au dehors. Qui dirigera l'Université de Beyrouth ? Si elle n'est pas fermée, en quelles mains étrangères devra t-elle passer ? Et la question qui se pose pour cette Université, le premier et le principal foyer de la langue française dans tout le Levant, il nous faut la répéter pour bien d'autres établissements, par exemple, pour l'Ecole des Hautes Etudes des dominicains à Jérusalem, qui, elle aussi, est une des citadelles de la langue et de la science françaises. Que deviendront ces grands établissements et, avec eux, les milliers d'écoles, les centaines de collèges, de séminaires, de pensionnats appartenant à des congrégations qui ne sont pas reconnues, qui sont ou vont être supprimées (1) ?

On calcule qu'il y a environ douze mille écoles ou établissements congréganistes français au dehors, dans lesquels 750.000 enfants apprennent notre langue. Sur ces douze mille écoles, plus de la moitié appartiennent à des congrégations non autorisées. En admettant, ce que personne n'oserait nous promettre, que les congrégations autorisées soient assurées de l'avenir, que

---

(1) Pour les écoles et les établissements de nos religieux, dans nos colonies ou à l'étranger, je dois renvoyer le lecteur au grand ouvrage du P. PIOLET : *La France au dehors : Les Missions catholiques françaises au XIXe siècle*, 5 vol. in-8°, librairie Armand Colin, Ier vol. *Missions d'Orient*, IIe *Abyssinie, Inde, Indo-Chine* ; IIIe *Chine et Japon* ; IVe *Océanie et Madagascar* ; Ve *Afrique*. — Le VIe volume qui est sous presse doit être consacré aux missions des deux Amériques.

l'esprit d'intolérance qui souffle en ce moment sur notre pays respectera leurs maisons et leurs œuvres, que deviendront, au dehors, les établissements des congrégations non autorisées ? De quelles ressources vivront-ils ? où se recrutera leur personnel, quand tous leurs noviciats seront détruits ? Que ces établissements se ferment ou qu'ils passent en des mains étrangères, le coup le plus terrible est porté à l'ascendant de la France dans les pays où notre prépondérance semblait le plus solidement établie, en Asie Mineure, en Syrie, en Palestine. En face d'un tel péril, je ne puis m'empêcher de me reporter à une époque néfaste pour notre influence. Je me rappelle une des grandes fautes de notre politique, faute d'autant plus coupable qu'elle a été gratuite.

Il y a quelque vingt-cinq ans, l'imprévoyance pusillanime d'un parti, aujourd'hui plus puissant que jamais, a coûté à la France l'Egypte. Je me demande si l'esprit d'intolérance et le fanatisme anticlérical ne vont pas nous coûter la Syrie, la Palestine et tout le Levant (1).

(1) On dira peut-être que nos craintes sont exagérées ; qu'au lieu de diminuer le nombre de nos écoles françaises et de nos missionnaires à l'étranger, la suppression des écoles congréganistes en France doit l'augmenter. Beaucoup de nos religieux et de nos religieuses, en effet, ne pouvant plus suivre leur vocation en France, se sont résignés à l'exil ; et ils s'en sont allés de préférence aux pays où ils pouvaient servir la France en même temps que l'Eglise, aux pays où il leur est permis d'enseigner ou de prêcher en français. Les uns sont partis pour l'Orient où ils grossiront les rangs de nos missionnaires et où des étrangers de toute

race et de toute religion apprendront deux, à aimer la France qui les persécute. Les autres ont franchi l'Océan ; ils sont allés dans les deux Amériques ; ils sont allés au Canada surtout, en cette Nouvelle-France, devenue la vieille France, que leurs pareils ont tant contribué à garder française, et où, pour notre humiliation, les Français trouvent plus de liberté sous le sceptre de l'Angleterre que n'ose leur en accorder la République.

Il se peut ainsi que du fait de cet exode à l'étranger, le nombre des écoles et des établissements français dans les deux mondes augmente temporairement, et qu'au lieu d'en être diminuée, l'expansion de notre langue en soit accrue. L'exil de nos religieux aurait, par là, des effets analogues à ceux de l'exil des réfugiés protestants au xviie siècle ou des émigrés, lors de la Révolution. Mais, qu'on veuille bien le remarquer, un pareil résultat ne saurait être que temporaire ; pour que l'exode de nos religieux ait, en ce sens, des effets utiles et durables, il faudrait que ces religieux trouvassent au dehors les ressources qui leur feront défaut en France ; il faudrait surtout qu'ils pussent continuer à se recruter librement parmi les Français. Or, c'est précisément ce qu'on leur interdit, et faute d'un recrutement en France, tous ces établissements français du dehors sont condamnés à périr ou à se dénationaliser. Et tel sera leur sort, si d'ici à dix ou quinze ans, nous n'avons recouvré, pour eux, la liberté dans le droit commun.

II

Je ne puis, Messieurs, vous entraîner à ma suite dans un long voyage d'études à travers les cinq parties du monde ; je suis obligé de me presser, de courir sur le globe. Il y a une région, cependant, sur laquelle je crois devoir m'arrêter, une région dans laquelle beaucoup d'entre nous ont des intérêts matériels, et où tous nous avons un grand intérêt moral et patriotique : l'Afrique du Nord. C'est là, je n'ai pas à vous l'apprendre, la base principale de notre empire colonial. Quelle est la première question, dans cette Afrique française, dans cette Algérie-Tunisie, objet de nos espérances et de nos préoccupations ? J'entendais dire, il n'y a pas longtemps, dans une réunion du Comité de l'Alliance française, par un homme qui connaît la question, un ancien résident général de Tunisie, que le problème capital dans l'Afrique du Nord, celui dont la solution importe le plus à l'avenir de notre domination, c'était de fondre ensemble les différents éléments de la population européenne. A côté des Français, il y a, aucun de vous ne l'ignore, des Espagnols vers Oran, des Italiens à Constantine et en Tunisie, des Maltais aussi ; c'est-à-dire des étrangers qui, dans la province d'Oran, comme dans la Tunisie, dépassent déjà, ou menacent de dépasser la population d'origine française. Or, affirmait cet ancien haut fonctionnaire, le principal problème, dans l'Afrique du Nord, consiste à rapprocher, à fondre ensemble ces différentes populations, pour les franciser. Mais quel est le meilleur moyen d'amener cette fusion ? Quel est le plus sûr creuset pour fondre ensemble toutes ces populations diverses ? On dit : c'est l'école, l'école française. Assurément, quoique l'église puisse bien, elle aussi, y contribuer ; c'est l'école, mais quelle école ? L'Espagnol des Baléares ou d'Andalousie, le Sicilien, le Napolitain, le Maltais proviennent tous de populations de mœurs catholiques, — quelques-uns vous diront de superstitions catholiques, mais peu importe pour ma thèse, — de populations qui tiennent à leurs traditions religieuses, aux cérémonies catholiques, à l'éducation chrétienne. Quelle sera l'école la mieux faite pour attirer ces étrangers et pour leur inspirer confiance ? l'école la plus capable d'amener la fusion entre ces populations méridionales et nos populations françaises qui, elles aussi, viennent généralement du Midi, et qui, souvent, plus souvent qu'on ne croit, sont animées de sentiments analogues ? La meilleure école, le meilleur creuset pour fondre ensemble toutes ces populations, c'est assurément l'école catholique, l'école religieuse française et, par suite, ce sera, le plus souvent, l'école congréganiste (1).

Cette vérité évidente pour tous ceux dont le préjugé anticlérical n'obscurcit pas les yeux, nos gouvernants semblent l'ignorer. Je lisais, ce matin encore, dans un journal, et ce n'était pas la première fois, que le gouvernement de la Tunisie — et vous savez ce

---

(1) Ces vues sont confirmées par les rapports des consuls d'Italie. Rien de plus catégorique à cet égard que les extraits qui suivent que nous empruntons à un rapport présenté à son gouvernement, en janvier 1903, par le chevalier Carlessi, consul d'Italie à Tunis. (*Bulletin officiel de l'Emigration*, publié par le ministère italien des Affaires étrangères, commissariat royal de l'émigration, 20 janvier 1903.; n° 2, pages 68 et 399. Voyez le *journal des Débats* de 23 juin 1903.)

« Un très grand nombre d'enfants italiens fréquentent les écoles françaises, soit laïques, soit religieuses... La vérité est que, dans les classes populaires, les écoles tenue par des religieuses et des frères exercent une plus grande attraction que les écoles laïques... cela à cause du plus grand prestige dont sont entourés et de la plus grande influence qu'exercent, sur les gens du peuple, les représentants et les ministres de la religion. Ils s'occupent plus que nous des classes populaires ; il restent mieux en contact avec elles ; ils en connaissent plus à fond la psychologie, et il faut l'avouer en toute franchise, ils font plus de bien que nous aux petits et aux humbles. »

Il en résulte que sur une population scolaire italienne de 8,000 enfants que compte la Tunisie, 3,500 fréquentent les écoles françaises, et que presque tous s'adressent à des écoles congréganistes, *parce qu'elles sont congréganistes*. Le jour ou ces écoles disparaîtront ou seront laïcisées, ces 3,500 enfants se tourneront probablement vers les écoles italiennes ; ils échapperont, ainsi, au grand détriment de notre influence, à l'enseignement français et au contact des enfants français. Et c'est pour un pareil résultat que la métropole importerait en Tunisie la guerre aux congrégations religieuses !

qu'on entend par le gouvernement de la Tunisie — avait décidé de fermer les écoles congréganistes de la Régence. Or, tous ceux qui connaissent la Tunisie, tous ceux qui l'ont visitée savent qu'un des principaux désirs ou desiderata de nos colons, c'est de voir augmenter le nombre des écoles. Ces écoles congréganistes, que des Français se proposent, de faire supprimer sur la signature d'un bey musulman, ce sont, le plus souvent, des écoles libres, des écoles entretenues par des contributions privées, qui ne coûtent rien au budget de la Tunisie. On nous annonce qu'on va les supprimer pour les remplacer par des écoles laïques qui, naturellement, seront inscrites au budget tunisien ; et ce seront les colons et les propriétaires de la Tunisie, ce seront les Français établis dans la Régence qui devront payer pour la laïcisation de ces écoles !

Ils feraient encore volontiers des sacrifices, s'il s'agissait de créer des écoles vraiment nouvelles ; mais ils protestent, à bon droit, quand on veut, à grands frais, laïciser les écoles qui existent, des écoles qui conviennent à la population, des écoles qui sont fréquentées également, par les Français et par les étrangers, et où sous la direction des frères, les uns et les autres s'imprègnent de nos idées françaises. Il leur semble que, dans un pays neuf comme la Tunisie, le budget a mieux à faire que d'opérer de coûteuses laïcisations. (1). Pour complaire à quelques enfants

(1) Les Français de Tunisie ont exprimé leurs désirs, en 1903, dans une pétition à notre gouvernement où ils demandaient

perdus de l'anticléricalisme, on veut faire en Tunisie ce qu'on a déjà commencé en France et en Algérie ; et cela en dépit des promesses faites lors de la discussion de la loi de 1901. La loi, vous le savez, ne devait s'appliquer ni aux colonies, ni aux pays de protectorat, mais vous savez également combien cette loi de 1901, a été aggravée depuis deux ans ; comment elle a été dénaturée, pour ne pas dire violée dans l'application, et cela, en dehors de la France, comme sur le continent.

Permettez-moi ici un souvenir personnel. L'an dernier, je me trouvais le dimanche des Rameaux à Bizerte, le dimanche de Pâques à Tunis. J'ai vu, pendant la Semaine sainte, une foule bigarrée se presser dans des églises trop étroites ; j'ai vu des Frères y conduire des enfants de toute nationalité, et j'ai entendu ces enfants, en grande partie étrangers, chanter, sous la direction de ces congréganistes, des cantiques français. Quelques jours plus tard, à une quinzaine de lieues de Tunis, dans un domaine privé, j'ai assisté au catéchisme qu'un prêtre français faisait à de petits Siciliens. De pareils spectacles font comprendre quel rôle peuvent avoir l'Eglise, le clergé et l'école congréganiste dans notre Afrique du Nord.

Dussent les préjugés du fanatisme anticlérical en être révoltés, les écoles congréganistes et les établissements religieux sont, en Tunisie, les plus précieux auxiliaires

que la loi de juillet 1901 ne fût pas appliquée à la Régence. Le syndicat agricole des colons français de Tunisie a émis un vœu dans le même sens, en faisant également valoir les intérêts de la colonisation et ceux de la langue française.

de l'action française. Les frapper, les supprimer, ou simplement en restreindre le nombre, ce serait tout bonnement briser, de nos mains, un des instruments les plus efficaces de notre hégémonie.

C'est là, cependant, ce que prétendent exiger, avec leur habituel aveuglement, les passions antireligieuses. Il se trouve en France des sectaires pour réclamer que la loi sur les congrégations soit appliquée à la Régence ; c'est pour préparer cette œuvre néfaste que la Ligue de l'enseignement a tenu, cette année, son Congrès à Tunis ; et comme l'anticléricalisme dispose aujourd'hui de toutes les faveurs de la métropole, il s'est rencontré en Tunisie des fonctionnaires tout prêts à sacrifier les meilleurs foyers de la propagande française aux pré-jugés et aux rancunes des coteries radicales. Comme la Tunisie n'est pas soumise aux lois françaises, il est question de faire signer par le bey un décret interdisant le sol de la Régence à nos congrégations.

Qui eût prévu, il y a quelques années, cette con-séquence du protectorat? Le bey de Tunis employé par notre administration à proscrire des congrégations françaises, à fermer des écoles que nous soutenons de notre influence en Egypte et en Syrie ! Les établis-sements catholiques français supprimés, sur l'ordre d'un prince musulman, alors que, d'après les traités, les Italiens conservent leurs écoles nationales, et que les missionnaires anglais peuvent s'établir en paix dans toutes nos possessions d'Afrique !

Qui profitera en effet de ces coupables faiblesses devant les menaces anticléricales ? Ce seront les étrangers, ce seront nos adversaires ou nos rivaux. Ce seront d'abord les écoles italiennes de la Tunisie qui recueilleront une grande partie de la clientèle de nos écoles chrétiennes françaises.

La conséquence de la fermeture des établiessements congréganistes sera que les catholiques, les catholiques français en particulier, ne pourront plus fonder d'écoles en Tunisie, dans ce pays qui a soif d'écoles nouvelles ; mais cela n'empêchera pas la fondation ou la persistance d'autres écoles. Par nos traités avec les puissances étrangères, — traités, dont, pour ma part, je désire tout le premier le respect, — nous devons laisser subsister les écoles italiennes, nous devons laisser la liberté aux missionnaires étrangers. Il y a ainsi des missionnaires anglais dans beaucoup de nos colonies : je ne suis pas certain qu'il y en ait en Tunisie, mais il y en a dans notre Algérie ; et nous devons leur laisser la liberté. Quelle sera la conséquence de la guerre faite à nos congrégations ? Les étrangers, les missionnaires anglais, par exemple, seront libres d'opérer chez nous, et les Français, les missionnaires français ne le seront pas ! Quels sont ceux qui, dans nos possessions, peuvent cependant inspirer le plus de défiance à un gouvernement ? Bien mieux, les congrégations françaises seront interdites, mais, sans doute, on se gardera de supprimer les congrégations musulmanes, car il y a des congrégations musulmanes. Je sais bien que ce ne sont pas toujours des congrégations analogues à ce que nous appelons de ce nom en France, — et encore pourrais-je soutenir que ce sont bien aussi de vraies congrégations, par la bonne raison qu'au point de vue juridique, la loi qui m'inspire ces inquiétudes n'a jamais défini ce qu'était la congrégation. Par conséquent, nous pouvons très bien dire que ces congrégations musulmanes portent justement ce nom. Il en est, dans tous les cas, qui ont de véritables couvents ; les autres sont des confréries manifestement religieuses ; et ces confréries, ces congrégations, de quel esprit sont-elles animées? Aucun de vous certainement ne l'ignore, elles sont animées de l'esprit musulman ; ce n'est pas moi qui leur en ferai un reproche ; je suis trop partisan de la liberté religieuse pour ne pas la respecter partout ; mais, en même temps qu'elles sont animées de l'esprit musulman, et peut-être par cela même, elles sont souvent inspirées d'une sorte de fanatisme qui, à certaines heures, peut se retourner contre la domination française et lui créer les plus terribles difficultés. Nous avons déjà vu, par la lamentable affaire de Margueritte, comment le fanatisme musulman pouvait, au moment où l'on s'y attendait le moins, faire une explosion soudaine dans les régions écartées.

Ainsi, Messieurs, voilà une des conséquences de la façon dont on entend appliquer la loi dans l'Afrique du Nord : plus de congrégations catholiques, mais des congrégations musulmanes; plus de missionnaires catholiques français, mais des missionnaires protestants étrangers. — Ah! je me trompe ! on va, paraît-il, autoriser une ou deux congrégations, notamment les Pères Blanc du cardinal Lavigerie, et aussi les établisments des Missions africaines de Lyon ; mais avez-vous lu l'exposé des motifs du projet par lequel le gouvernement propose d'autoriser ces deux congrégations? Croyez-vous, par hasard, qu'il leur accorde la liberté ? Nullement. Il leur permet de conserver la plupart des maisons qu'elles possèdent en Afrique, mais il ferme presque tous les établissements qu'elles possédaient en France, et particulièrement ceux où se recrutaient ces Pères Blancs et ces Missions africaines ; — tarir la source, est-ce le moyen de faire couler le fleuve ?

Ce n'est pas tout ; les Pères Blancs ou les Missions africaines, une fois autorisés, ne pourront jamais augmenter le nombre de leurs membres ou celui de leurs maisons. L'Algérie, la Tunisie sont regardées par nos gouvernants comme des pays arrivés au maximum de leur développement : il est interdit, à l'avenir, d'y rien créer de nouveau, au moins pour nos missionnaires. Les Pères Blancs du cardinal Lavigerie, dont on a dit que lui et ses religieux valaient pour la France un corps d'armée, sont traités comme des hommes suspects, que l'on peut encore supporter là-bas, pendant quelques années, à condition qu'ils ne puissent longtemps se recruter. Telle est la situation faite aux plus favorisés des religieux français ! Et sur les ruines de leurs établissements, l'on verra les congrégations ou les confréries musulmanes, telles que les Aïssaouas, avaleurs de scorpions, se développer en toute liberté. Et, remarquez-le, encore une fois, je ne fais pas, quant à moi, à nos gouvernants le reproche de tolérer les missions étrangères ou les congrégations musulmanes, parce que je réclame la liberté pour tous, catholiques, protestants, juifs, musulmans ; mais ce qui me choque, ce qui me scandalise et me confond, c'est de voir, par une sorte de privilège contre nos nationaux, la liberté accordée aux hommes ou aux sociétés que l'on peut soupçonner d'intentions hostiles à la France, et de la voir refuser aux hommes qui ont toujours été les défenseurs et les propagateurs de l'influence française ! (1).

(1) Nos appréhensions, que beaucoup de nos amis ne pouvaient croire justifiées, n'étaient que trop fondées. Peu de semaines après notre discours, le 12 août 1903, l'*Officiel* tunisien publiait le décret suivant :

Louange à Dieu !

Nous, Mohamed el Hadi Pacha, possesseur du royaume de Tunis,

Sur la proposition de Notre Premier Ministre,

Avons pris le décret suivant :

Article premier. — Nul n'est admis à diriger, soit directement, soit par personne interposée, un établissement d'enseignement en Tunisie, de quelque ordre que ce soit, ni d'y donner l'enseignement, s'il appartient à une congrégation non autorisée en France.

Article 2. — Il est accordé aux congrégations non autorisées, pour fermer leurs établissements scolaires, un délai se terminant le 1er octobre 1903.

Article 3. — Toute contravention au présent décret sera punie d'une amende de 16 à 1.500 francs et d'un emprisonnement de six jours à un an. La fermeture de l'établissement pourra, en outre, être prononcée par le jugement de condamnation.

. . . .

Vu pour promulgation et mise à exécution.

Signé : Pichon.

Ainsi, sur cette terre tunisienne, où est mort Saint-Louis, un bey musulman a, sur l'injonction d'un gouvernement français, enjoint la suppression d'écoles chrétiennes françaises. Il reste encore des fanatiques parmi les musulmans de nos possessions africaines, et dans l'impossibilité de s'expliquer pareil événement, plusieurs ont dû y voir une sorte de victoire de l'Islam et s'écrier en vérité : Louange à Allah !

Mesdames et Messieurs, nous avons, aujourd'hui, beaucoup de missionnaires et de religieux ; nous pouvons dire qu'à cet égard nous possédions une sorte de primauté dans le monde ; et quoi qu'en puissent penser les esprits superficiels, quand on ne songerait qu'à l'influence française et à l'expansion de la langue de la France, cette primauté avait pour nous une valeur considérable. Elle est une de celles qui nous est le plus enviée. La preuve, c'est la façon dont nos amis ou rivaux, catholiques, protestants, orthodoxes, traitent leurs missionnaires ; car, si nous avons la primauté des missions, nous n'en n'avons pas le monopole. Or, demandons-nous comment procèdent les autres. Que font nos amis, que font nos adversaires ?

Que nous prenions les protestants, que nous prenions les orthodoxes, que nous prenions les catholiques, nous assistons, partout, au même spectacle, qui s'explique par les mêmes raisons : il n'y a pas de peuple, aujourd'hui, bien plus, il n'y a pas de gouvernement qui ne soutienne, plus ou moins ouvertement, ses missionnaires.

Prenez l'Angleterre, par exemple ; elle a un grand nombre de missionnaires ; elle sait que c'est une de ses forces, et une de ses forces principales. Ses missionnaires sont partout les pionniers de son influence et de son commerce ; elle les subventionne, elle les encourage, elle les défend, elle les fait partout respecter. D'après des chiffres qui remontent déjà à quelques années et qui, certainement, sont dépassés aujourd'hui, il y a au moins trois mille missionnaires anglais ; ces trois mille missionnaires sont encore renforcés par les missionnaires américains, non moins nombreux, et qui, parlant la même langue, enseignant dans la même langue, renforcent l'influence britannique ou anglo-saxonne. Savez-vous quel est le budget de ces missions anglaises ? Il y a quelques années, et aujourd'hui sans doute le chiffre est dépassé, il montait à 3 millions de livres sterling, autrement dit à 75 millions de francs. C'est environ dix fois plus que le budget de nos missions françaises ; et si nos missionnaires, avec des ressources médiocres, arrivent à tenir tête à leurs concurrents étrangers, pour l'honneur et pour le profit de la France, c'est, vous le savez bien, à force d'esprit d'abnégation et de sacrifice ; c'est qu'ils pratiquent, vraiment, dans la lettre comme dans l'esprit, la pauvreté dont ils ont fait vœu.

Que voyons-nous dans les autres pays ? Que font les Russes, nos alliés, par exemple ? La Russie a également des missionnaires. Ces missions russes, comme toutes choses en Russie, c'est, en grande partie, une institution gouvernementale. Sous l'influence du gouvernement, représenté par le haut procureur du Saint-Synode, on décide quelles sont les contrées où se porteront de préférence les missionnaires russes. Ce sont, aujourd'hui, les pays que la politique russe cherche à faire entrer dans son cercle d'action ; c'est, naturellement, d'abord, les vastes colonies asiatiques de la Russie, puis c'est la Perse, c'est la Turquie, spécialement certaines régions de la Turquie d'Asie.

Il y a une institution russe qui joue un rôle considérable dans le Levant, et qu'on appelle la Société Impériale de Palestine. Cette Société Impériale de Palestine compte, dans son sein, un très grand nombre de hauts personnages, à commencer par les grands-ducs ; elle a un budget considérable. Le gouvernement russe, quoiqu'il ne soit pas très au large au point de vue financier, n'épargne rien, lorsqu'il s'agit d'institutions dont il attend des services dans l'intérêt national. Il en est ainsi de ses missions et de la Société Impériale de Palestine (1). Cette Société a fondé des écoles dans toute la Syrie et la Palestine. Elle a choisi souvent, prétend-on, des positions qui pourraient servir, en cas de guerre, ce qu'on ap-

____

(1) Voyez, dans mon ouvrage l'*Empire des Tzars et les Russes* (Hachette) le tome III⁰, entièrement consacré à la religion et aux questions politico-religieuses. — L'Allemagne possède une institution analogue : le Palestina Verein qui, avec l'appui du gouvernement impérial, travaille au développement des écoles et des établissements religieux allemands en Syrie et en Asie Mineure.

pelle des points stratégiques. Elle a fondé des écoles
normales, où l'on forme des instituteurs et des institu-
trices qui apprennent le russe et qui enseignent le russe,
de façon qu'à l'heure actuelle, la Russie est devenue
une de nos principales concurrentes dans le Levant.
On s'étonne parfois de ce que la politique que nous sui-
vons aujourd'hui ne choque pas davantage le gouvernement russe. Le gouvernement impérial — ce que,
pour ma part, je considère comme de la sagesse — a
soin de ne pas s'immiscer dans nos affaires intérieures,
et, en effet, l'alliance ne saurait lui en donner le droit.
Mais, si la presse russe, tout en se permettant parfois
quelques attaques contre tel ou tel de nos ministres, se
montre d'ordinaire si indulgente pour la politique
religieuse de notre gouvernement, c'est peut-être que
la Russie espère en recueillir elle-même un bénéfice ;
c'est qu'elle compte se servir de nos fautes en Orient
pour développer sa politique traditionnelle et soutenir
sa clientèle religieuse orthodoxe aux dépens de notre
clientèle catholique ; c'est enfin qu'elle aspire, elle
aussi, à prendre notre place, comme principale protec-
trice des chrétiens.

C'est là, en effet, Mesdames et Messieurs, un des
aspects les plus importants de la question. Chacun,
aujourd'hui, en Orient, songe à s'emparer de notre
place. Nous sommes comme des moribonds, au moins
comme des malades condamnés à brève échéance, et
dont il s'agit de recueillir la succession ; on se la dispute d'avance, comme si elle était déjà ouverte. Vous
avez tous entendu parler du protectorat catholique ; je

n'ai pas le temps de vous en montrer l'importance.
Hélas ! ce protectorat catholique, legs de notre ancienne histoire, qui a coûté à la France plusieurs
siècles d'efforts, il est bien menacé aujourd'hui. Il est
déjà entamé (1). Notre gouvernement, je lui rends
cette justice, se fait encore un devoir de le soutenir en
principe ; mais ce protectorat catholique, il ne peut
subsister qu'autant qu'il conserve ses instruments
traditionnels, ses instruments nécessaires, qui sont
naturellement nos missionnaires et nos religieux. Le
jour où nous n'aurons plus de religieux français en
Orient, comment pourrons-nous exercer le protectorat catholique ? A quel titre pourrons-nous protéger
les missionnaires et les religieux d'autrui, quand nous
n'aurons plus nous-mêmes de missionnaires, et que
nous aurons proscrit nos religieux ? Vous savez que
déjà, en Extrême-Orient comme en Orient, chaque
Etat prétend au droit de protéger ses propres sujets,
fût-ce des religieux. Nous n'avons que deux avantages,
que nous sommes, tous deux, en train de compro-
mettre ; l'un, c'est que Rome nous a jusqu'ici reconnu le droit de protéger ses missionnaires ; l'autre,
c'est que nos traités avec la Porte et avec la Chine
nous donnent le droit de protéger les établissements
catholiques en général. Dans ces établissements, il y
a souvent des religieux de diverses nations, le plus
souvent des religieux français, ce qui nous permet

____

(1) Sur le Protectorat catholique, la façon dont il est menacé
et déjà démembré, je me permets de renvoyer le lecteur à mon
étude de la *Revue des Deux Mondes*, du 1er mars 1903.

encore d'exercer ce protectorat catholique. Mais le jour, encore une fois, où nos religieux auront disparu, le jour où leur nombre aura grandement diminué, — ou encore, le jour où Rome aura perdu toute confiance en la France, ce protectorat catholique tombera de lui-même, en quelque sorte, des mains d'un gouvernement persécuteur des catholiques. Et quelle puissance en recueillera les restes ? Ces restes, encore une fois, on se les dispute. Je ne vous apprendrai rien si je vous dis que déjà l'Allemagne, l'Italie, l'Autriche elle-même songent à s'en partager les morceaux.

Que fait l'Italie, par exemple ? Le gouvernement italien n'est pas de ceux que l'on puisse taxer de « cléricaux ». Par situation, par un legs d'un passé que beaucoup d'Italiens sont les premiers à regretter, mais enfin par le fait de l'histoire des trente dernières années, l'Italie se trouve en lutte avec le Saint-Siège. Cette lutte est plus ou moins vive ; elle semble avoir perdu de son acuité dans les derniers temps ; elle persiste néanmoins, et la rivalité des deux pouvoirs, comme affrontés dans la même capitale, rend de longtemps toute entente entre eux impossible ou malaisée. Que fait le gouvernement italien ? Après avoir essayé de maintenir son influence en Orient par des écoles laïques, le gouvernement italien s'est avisé que ces écoles laïques étaient insuffisantes, qu'elles étaient trop chères, qu'elles ne satisfaisaient pas aux besoins de toutes les populations, et alors il a fait appel à ces religieux que, il y a trente ans, il chassait de leurs couvents, et qu'il a laissés, depuis, avec une sagesse

qui devrait être un exemple pour nous, se reformer
par la liberté dans le droit commun (1).

Voilà ce que fait le gouvernement italien, parce que,
chez les Italiens, le sens politique l'emporte sur les
haines, sur les défiances anticléricales. Faut-il vous
apprendre ce que fait l'Allemagne ? Mais qui ne sait
qu'après avoir été en guerre avec la hiérarchie romaine
et l'épiscopat catholique, le nouvel empire d'Allemagne cherche à conclure une alliance avec eux ?
C'est même là un des traits les plus singuliers, et pour
nous les plus menaçants, de la nouvelle politique impériale de nos voisins. Faut-il vous rappeler les différentes évolutions, on pourrait presque dire les
divers avatars de l'empereur Guillaume II, et son
fastueux voyage en Orient, alors qu'il se présentait
aux populations du Levant comme l'héritier de Bar-
berousse et des anciens empereurs germaniques du
temps des Croisades, alors qu'il prétendait se donner
à la fois comme le protecteur-né de tous les chrétiens,
le patron des catholiques aussi bien que des protestants ? Faut-il vous faire souvenir des évéments d'hier,
de sa retentissante visite, au Vatican, de l'éclat qu'il a

(1) Les Italiens ont fondé, à Florence, il y a quelques années.
une « Société Nationale de missionnaires » destinée à soutenir
les missions italiennes du Levant. On annonçait récemment que
pour montrer l'intérêt qu'il porte aux missions de ses nationaux, le gouvernement italien avait dispensé du service militaire
les élèves des Salésiens de la Péninsule, qui, une fois leur ins-
truction terminée, s'engageaient à rester en Orient. Comme le
« Temps » du 25 juillet 1903 en faisait la remarque, n'est-ce pas
là une prime à l'exportation des missionnaires ?

systématiquement donné à cette visite, et de ce qui a transpiré de ses efforts pour faire attribuer à l'Allemagne une part de ce protectorat catholique que, d'après les journaux allemands, la France, par sa politique, se déclare elle-même indigne d'exercer ?

Devant cette pression de l'étranger sur le Vatican, au milieu de toutes les intrigues nouées à Rome et en Orient contre nos droits traditionnels, comment ne pas le constater, avec une reconnaissance pour le passé mêlée d'angoisse pour l'avenir, si ce protectorat catholique, compromis par nos propres fautes, nous a été maintenu jusqu'ici, par qui, par quelle main l'a-t-il été ? Par la main d'un pape nonagénaire qui, en face de tous les outrages et de toutes les provocations des Jacobins qui nous gouvernent, n'a jamais eu pour la France que des gestes de bénédiction. Mais cette main auguste peut être bientôt glacée à jamais ; et si Léon XIII devait être enlevé à l'Eglise et à la France, si son successeur sur la chaire de Saint-Pierre avait pour nous une affection moins obstinée, ou s'il avait seulement moins de patience ou moins de longanimité, si ses oreilles étaient moins fermées aux accusations contre nous de nos détracteurs et aux revendications de nos rivaux, que deviendraient notre protectorat catholique et, avec lui, notre traditionnelle influence en Orient et en Extrême-Orient?

Les exemples de l'étranger doivent-ils donc être perdus pour nous? Lorsque nous voyons tous les peuples, tous les gouvernements, quels qu'ils soient, libéraux ou autocratiques, catholiques ou protestants, avoir soin de soutenir leurs missionnaires, chercher, grâce à eux, à élargir leur sphère d'action, ne sommes-nous pas en droit de conclure qu'on nous pousse, en ce moment, sur une pente dangereuse, qu'il serait au moins temps de réfléchir avant de nous laisser entraîner plus loin? car, si nous continuons à céder aux impulsions de l'anticléricalisme, la politique dans laquelle nous nous sommes laissés engager, loin de grandir la France, ne peut servir que nos rivaux. C'est une politique d'abandon de nos droits comme de nos traditions, une politique d'oubli de ce qui a fait notre force jusqu'à présent. Par suite, c'est une politique néfaste et aveugle, une politique antifrançaise, qui travaille pour l'étranger et, comme on disait autrefois, pour le roi de Prusse (1).

(1) Cela est, hélas! littéralement vrai, et ce ne l'est pas uniquement de l'Orient ou de l'Extrême Orient; mais aussi de l'Europe et de nos frontières mutilées. La politique antireligieuse de notre gouvernement a eu, de l'autre côté des Vosges, de douloureux contrecoups. Elle a révolté la conscience du clergé et de nombre de catholiques qui étaient restés les plus ardents protestataires. Elle a fait faire aux Alsaciens Lorrains de pénibles comparaisons entre la France et l'Allemagne; elle a contristé tous nos amis et fourni des armes nouvelles à l'empereur Guillaume et à la politique prussienne.

IV

Le péril de l'anticléricalisme, au point de vue de
la politique étrangère, j'aurais honte d'y insister devant
un auditoire aussi éclairé que celui-ci. Ce péril est si
manifeste que, depuis longtemps déjà, des hommes
qui, assurément ne peuvent être traités de cléricaux,
des protestants, des libre-penseurs avérés ont eu la
loyauté de le reconnaître (1) ; je pourrais dire qu'il

(1) Les dangers de la politique qui poursuit la suppression
des congrégations religieuses sont si manifestes que, en dehors
des catholiques, beaucoup de nos compatriotes en ont été frappés. A la veille même de la discussion de la loi Waldeck-Rousseau, un groupe de savants et de professeurs du haut enseignement, pour la plupart étrangers à l'Eglise, adressait au président
de la commission du droit d'association une lettre publique,
pour lui signaler les périls dont le projet de loi menaçait l'influence française au dehors.

« Nous sommes, affirmaient les signataires de cette lettre, des
adversaires résolus de toute immixtion des ordres religieux dans
la politique, et nous condamnons énergiquement toute tentative
de leur part pour sortir de leur rôle, qui est un rôle d'enseignement et de charité ; mais nous n'admettons pas davantage que le
législateur interdise ou paralyse leur action au dehors, soit direc-

éclate à tous les yeux qui ne sont pas aveugles ou volontairement fermés. C'est ainsi, il est bon de le rappeler, que l'homme qui a lancé en France la retentissante formule qui domine encore aujourd'hui notre politique, celui qui a dit; « Le cléricalisme, voilà l'ennemi », est le même qui, ayant mûri et ayant réfléchi,

tement en les supprimant, soit indirectement en leur enlevant les ressources indispensables et en leur rendant tout recrutement impossible. »

Je puis bien révéler, aujourd'hui, que cette phrase, où est nettement reconnu le droit des religieux à la liberté de l'enseignement et à la liberté de la charité, était de la plume même de M. Aug. Sabatier, l'éminent doyen de la faculté de théologie protestante de Paris.

Et M. Aug. Sabatier et ses confrères de l'Université de Paris ajoutaient : « Anglais, Américains, Allemands, Italiens, Russes même soutiennent, de leur argent et de leur influence, comme un précieux agent d'expansion morale ou matérielle, leurs missionnaires d'Orient ou d'Extrême-Orient. En ce temps de compétition universelle, la France qui restait, à cet égard, privilégiée entre les nations, doit elle désarmer ceux qui luttent au loin pour elle ?... Nous savons, continuaient M. Sabatier et ses amis protestants ou libre-penseurs, que le projet de loi en discussion épargne les congrégations reconnues. Mais il ne nous est pas permis d'oublier que les congrégations non reconnues, aujourd'hui menacées de dissolution, sont souvent de celles qui nous rendent au dehors les services les plus éclatants. Nous joignons à cette lettre une liste incomplète de leurs établissements à l'étranger... La chute de pareils établissements frapperait au cœur l'influence française. »

Un tel langage honorait grandement les hommes de science que l'amour de la vérité et l'amour de la France élevaient ainsi au-dessus des considérations de partis et des préjugés confessionnels ; en leur rendant hommage, nous devons constater que si leur voix n'a pas été entendue du gouvernement et des Chambres, elle n'est pas restée sans écho dans les milieux étrangers au Catholicisme.

s'est cru obligé de dire, quelques années plus tard :
« Mais l'anticléricalisme n'est pas un article d'exportation. » (*Rires.*) — L'anticléricalisme n'est pas un article d'exportation, c'est là certainement le mot d'un politique, et aussi le mot d'un patriote, mais, à bien peser la formule, je la trouve vide et creuse, car enfin, n'en déplaise à Gambetta et à ses imitateurs, un pays ne peut exporter que ce qu'il produit, et le jour où la France ne produira plus que de l'anticléralisme, que voulez-vous qu'elle exporte d'autre ?

Pour semer des missionnaires sur le monde, il faut au moins en conserver et en cultiver la graine. Comment pourront survivre au dehors les missions et les écoles des congrégations supprimées en France ? Comment pourront se recruter ces hommes, ces femmes, qui luttent au loin pour notre influence et pour notre langue ? Et quand notre gouvernement les aiderait à conserver leurs établissements du dehors, quelle sera, pour enseigner à l'étranger, l'autorité de ces maîtres que nous aurons déclarés indignes de donner l'enseignement en France ?

Vous voyez les difficultés et les contradictions de cette politique. A l'heure actuelle, — et, pour ma part, j'en sais gré au gouvernement, ou tout au moins à ceux de ses membres qui osent encore défendre ce qui reste de nos anciennes traditions, — à l'heure actuelle, nous prétendons maintenir ce qu'on appelle le protectorat catholique ; bien mieux, nous prétendons imposer aux souverains d'Orient le respect de ces écoles congréganistes que nous avons soin de fermer chez nous,

et que nous nous apprêtons à faire fermer par le bey
de Tunis. C'est ainsi que, lors de l'expédition de Mi-
tylène, quand on a cru bon de relever un peu aux yeux
du monde une intervention en Turquie qui paraissait
faite dans des intérêts bien mesquins ; lorsqu'on a voulu
parler au Sultan d'autre chose que des créances Lorando
et Tubini, (je ne sais si je ne défigure pas ces noms le-
vantins, rendus par nous trop fameux), on a imposé
à la Porte la reconnaissance de nos écoles congréganistes d'Orient. Voyez, Messieurs, la contradiction !
En vérité, il en est peu de plus cyniques ! Les journaux
étrangers, les journaux turcs eux-mêmes ne se sont
point gênés, paraît-il, pour la faire ressortir. Seulement nous avons répondu aux Turcs : « Nous sommes
les plus forts ; nos cuirassés sont là. Ce que nous faisons
sons chez nous, nous ne vous permettons pas de le
faire chez vous. » Quel abus de la force, de la part d'un
peuple qui se disait et se croyait le chevalier du droit !
Quelle politique pour un pays comme la France et
quelle humiliation !

Une double politique, une double morale, voilà où
nous sommes acculés par nos maîtres ! Et nos adversaires, nos rivaux sont là pour le faire ressortir aux
yeux de toutes les populations d'Orient. Ils n'y ont pas
manqué ; nous avons entendu le patriarche de Constantinople et d'autres primats des Eglises orientales rappeler aux Grecs, rappeler aux Arméniens, que ces écoles
françaises, tenues par des congréganistes, que notre
gouvernement oblige la Porte à respecter en Turquie,
le gouvernement français a soin de les prohiber chez

lui, y voyant des écoles de mensonge où l'on empoisonne l'esprit des jeunes générations. Et comme en un pays de franchise tel que le nôtre, un pareil double jeu est malaisé à justifier, il se trouve aujourd'hui, au sein même du gouvernement, des hommes qui, las d'entendre répéter la formule gambettiste : « L'anticléricalisme n'est pas un article d'exportation », se demandent si la France ne ferait pas mieux de n'avoir qu'une seule politique, pour le dehors comme pour le dedans. Un homme qui tient une grande place au ministère et dans son parti, un homme qui, à la Chambre, jouit d'une légitime autorité, M. Camille Pelletan, ministre de la Marine (*Rires*), se demandait publiquement, à Bizerte, si nous n'allions pas enfin nous affranchir de cette formule surannée, si la France n'allait pas se décider à arborer, partout, la seule politique qui convienne à la nouvelle démocratie, la politique anticléricale.

Cette politique de préjugés et d'intolérance, je crois en avoir assez dit pour vous la faire juger. Quant à moi, je ne puis la caractériser que d'un mot ; je l'ai déjà employé (1), mais malheureusement je n'en trouve pas de meilleur ; vous m'excuserez de le répéter : — pour qui envisage les intérêts essentiels de la France et de la langue française, la politique anticléricale n'est qu'une politique de suicide national.

La question, toute la question est de savoir si nous nous laisserons suicider par persuation.

(1) Voyez les *Doctrines de Haine :* chap. V ; l'Anticléricalisme p. 227 (Calmann Lévy.)

Une dernière réflexion, Mesdames et Messieurs : nous avons, aujourd'hui, sur nos monnaies, une symbolique image de la France, que nous nous plaisons à reproduire partout, jusque sur nos timbres-poste ; cette image, c'est la poétique semeuse de Roty, qui, d'un geste large, va répandant les idées sur le monde. La France est bien, en effet, une semeuse d'idées ; c'est sa mission, c'est sa gloire, bien que dans les idées qu'elle lance ainsi à travers l'espace, l'ivraie, hélas ! se mêle trop souvent au bon grain ! Or, cette vaillante semeuse, qui la personnifie le mieux, au loin, dans le vaste monde ? N'est-ce pas nos missionnaires, n'est-ce pas nos religieux et nos religieuses ? Quelles mains lancent, sur les champs épuisés ou sur les terres vierges, des idées plus pures et plus saines ? Idées vieillies, dit-on, idées surannées qui ne pouvaient convenir qu'à la France d'autrefois ; — les seules, nous assure-t-on, que doive semer, aujourd'hui, la semeuse au bonnet phrygien, c'est la liberté, c'est l'égalité, c'est l'humaine fraternité. J'y consentirais peut-être, quant à moi, si ces généreuses idées de nos pères n'avaient été trop souvent dénaturées par les sophismes et perverties par les passions. Mais, Messieurs, j'oserai dire que, si l'on veut qu'elles puissent lever, sans être étouffées par les mauvaises herbes, ces idées de liberté, d'égalité, de fraternité, le mieux est encore de les associer à l'antique semence évangélique, dont elles proviennent peut-être, et de laisser nos missionnaires leur préparer le terrain.

Messieurs, ce sera mon dernier mot, si vous tenez

à l'expansion de l'influence et de la langue françaises, ne laissez pas un fanatisme ignorant couper ou enchaîner la main de ces Français qui, avec le vieil Evangile, vont répandant sur le globe l'amour de la France !

FIN

TABLE

Saint-Amand (Cher). — Imprimerie BUSSIÈRE.

www.ingramcontent.com/pod-product-compliance
Lightning Source LLC
Chambersburg PA
CBHW051630060726
47597CB00004B/1513